COURS

DE

MUSIQUE VOCALE

Divisé en Quatre Années

PAR

EMILE BOURDEAU

Ex-Professeur au Collège Chaptal
Ex-Artiste des Orchestres de l'Opéra et de la Société
des Concerts du Conservatoire

PREMIÈRE ANNÉE

Nouvelle Édition

PRIX NET : 0 fr. 75

HENRY LEMOINE & Cie
Éditeurs de Musique

PARIS
17, Rue Pigalle

1907

BRUXELLES
44, Rue de l'Hôpital

COURS

DE

MUSIQUE VOCALE

Divisé en Quatre Années

PAR

EMILE BOURDEAU

Ex-Professeur au Collège Chaptal
Ex-Artiste des Orchestres de l'Opéra et de la Société
des Concerts du Conservatoire

PREMIÈRE ANNÉE

Nouvelle Édition

PRIX NET : 0 fr. 75

1907

HENRY LEMOINE & Cie
Éditeurs de Musique

PARIS
17, Rue Pigalle

BRUXELLES
44, Rue de l'Hôpital

COURS DE MUSIQUE VOCALE.

1re ANNÉE.

1re LEÇON.

PORTÉE, CLEFS, NOTES

1°. — On se sert pour écrire les signes musicaux, de cinq lignes tracées horizontalement; ces cinq lignes réunies se nomment *portée*; on les compte de bas en haut.

EXEMPLE

La distance d'une ligne à une autre se nomme *interligne* et reçoit ainsi que la ligne un signe musical; en réunissant les cinq lignes et les quatre interlignes on obtient donc neuf places ce qui est loin de suffire à l'étendue des voix et surtout des instruments; de là. la nécessité d'ajouter au dessous et au dessus de la portée, des lignes *supplémentaires,* qui forment à leur tour de nouveaux interlignes; cependant, ces lignes supplémentaires contrairement aux cinq lignes de la portée, sont très petites, et dépassent à peine chaque côté du signe musical.

2°. — La différence des voix et la multiplicité d'instruments à timbres opposés ont fait naître les *clefs*. La clef est un signe qui se met au commencement de la portée et qui indique au chanteur ou à l'instrumentiste la place réelle de chaque signe; il est impossible par exemple que la Contrebasse qui est le plus grave des instruments à cordes se serve de la même clef que le Violon qui en est le plus aigu; il en est de même pour les voix. Les clefs sont au nombre de huit:

Deux clefs de *sol*.....

Quatre clefs d'*ut*.....

Deux clefs de *fa*.....

La clef de *sol* se pose sur la 1re et la 2me ligne de la portée.

EXEMPLE

La clef d'*ut* se pose sur la 1re, la 2me, la 3me et la 4me ligne de la portée.

EXEMPLE.

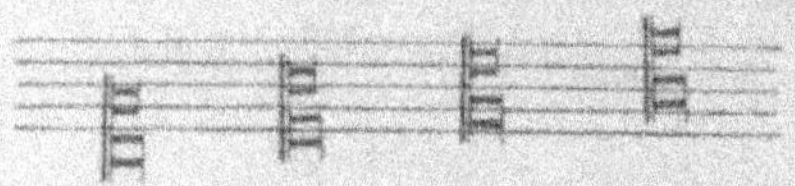

La clef de *fa* se pose sur la 3me et la 4me ligne.

EXEMPLE.

De ces huit clefs, deux seulement sont actuellement en usage pour la musique vocale: *la clef de sol 2me ligne* pour les voix de Sopranos et Ténors, et *la clef de fa 4me ligne* pour les voix de Barytons et Basses.

5e — Les signes placés sur les lignes ou interlignes ou lignes supplémentaires pour obtenir un son, se nomment *notes*.

Noms des notes dans la clef de sol 2me ligne.

Exercice de notes placées sur les lignes.

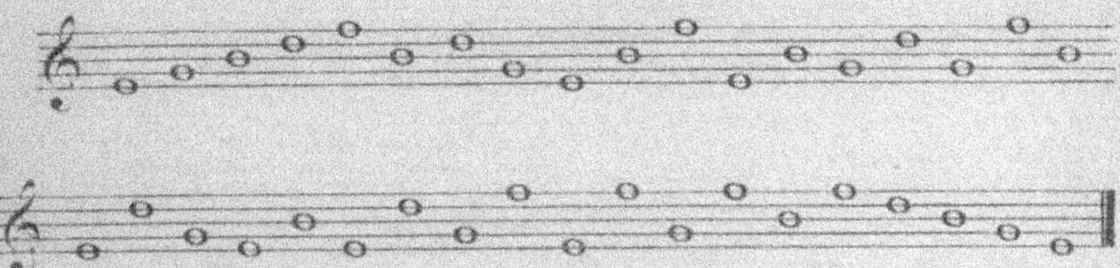

Exercice de notes placées dans les interlignes.

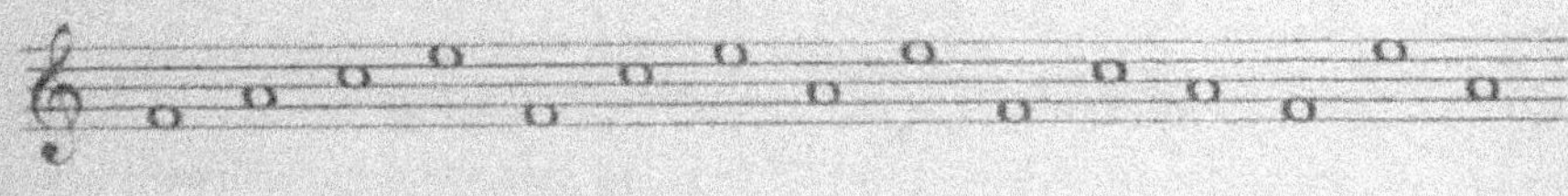

Exercice de notes placées au dessus de la portée.

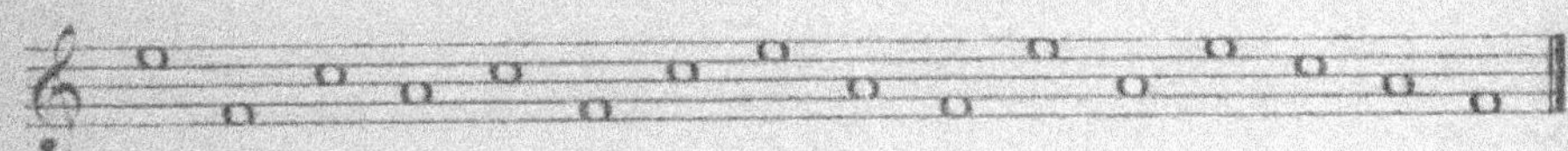

Exercice de notes placées au dessous de la portée.

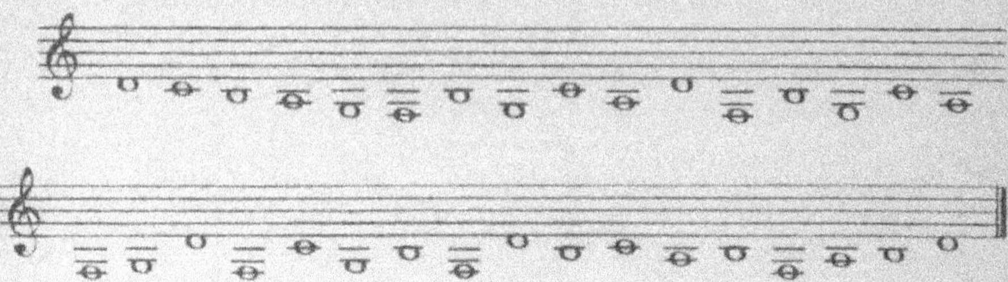

Ces quatre exercices seront d'abord lus lentement, puis on augmentera de vitesse graduellement.

Exercice de notes placées sur les lignes,
dans les interlignes, au dessus et au dessous de la portée.

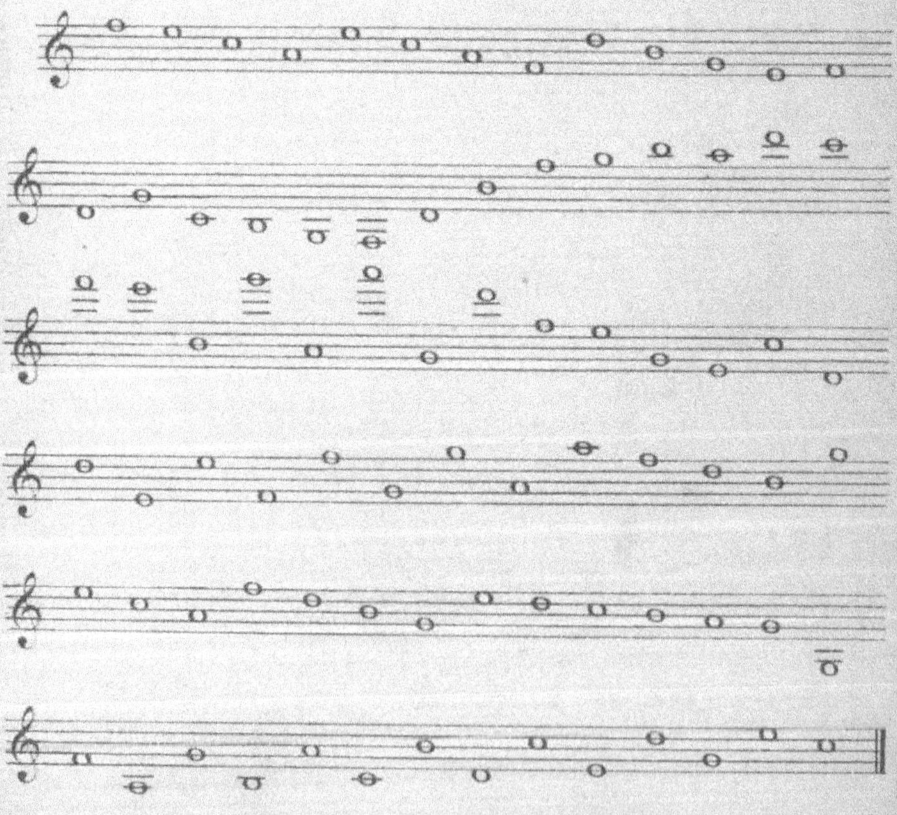

2me LEÇON

VALEURS, MESURES SIMPLES, BARRES DE MESURE.

1re — Le nom d'une note se reconnaît à la place qu'elle occupe sur la portée, sa *valeur* ou *durée* se reconnaîtra à sa forme.

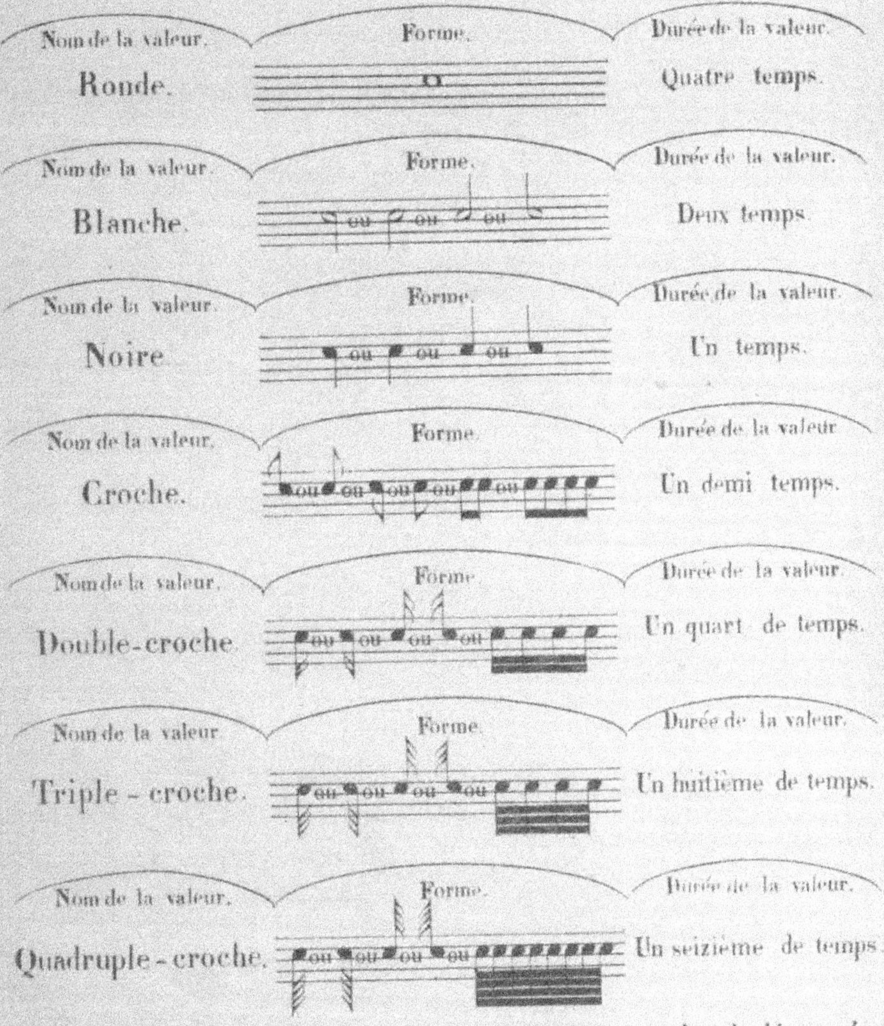

L'élève remarquera que la queue aux *blanches, noires, croches, doubles-croches, triples-croches* et *quadruples-croches* se met indifféremment à gauche ou à droite, au dessous ou au dessus de la note.

6

2 – Il y a trois mesures simples:

La mesure a *quatre temps* qui se reconnaît à ce signe **C**, ou à celui-ci **4**, la mesure à *trois temps* qui s'écrit par **3** ou $\frac{3}{4}$; la mesure à *deux temps* que l'on marque ainsi: **2** ou $\frac{2}{4}$ ou **₵** (ce dernier signe **₵** ne s'emploie que pour la mesure à quatre temps lorsque le mouvement précipité oblige de battre à deux temps) Battre la mesure, c'est en marquer les temps par des mouvements de la main qui en règlent la durée.

Le premier temps de la mesure à **C** se frappe, le second temps, la main se porte à gauche, le troisième, la main va à droite et le quatrième, la main se lève et forme une ligne perpendiculaire avec le premier temps.

EXEMPLE.

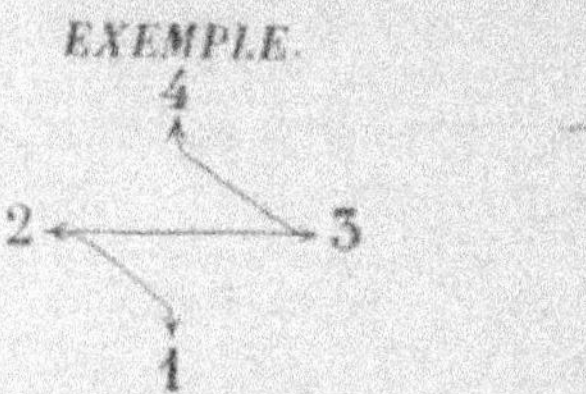

Le premier temps de la mesure à **3** se frappe; le second temps, la main se porte à droite et le troisième est levé au dessus du premier.

EXEMPLE.

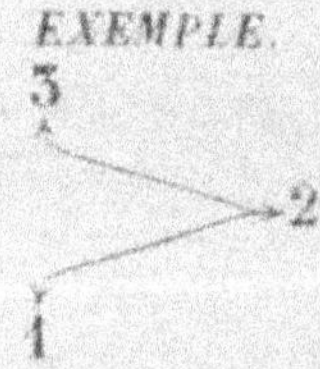

Le premier temps de la mesure à **2** se frappe et le second est levé au dessus du premier.

EXEMPLE.

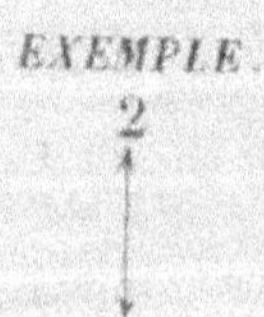

Il faut battre la mesure sans raideur, à cet effet, l'index de la main droite et le poignet seuls marqueront les temps, le coude sera appuyé au corps.

3. _On nomme *barres de mesure* des traits tirés perpendiculairement sur les cinq lignes de la portée._

EXEMPLE.

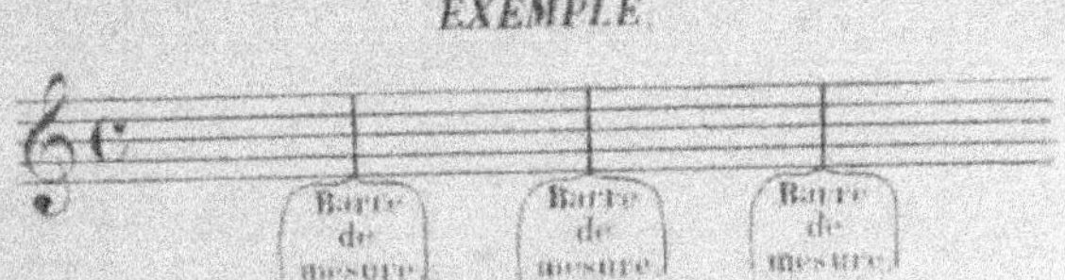

Les **valeurs** comprises entre chaque barre de mesure ne dépasseront pas quatre temps, si la mesure est à **C**; elles ne dépasseront pas trois temps, si la mesure est à $\frac{3}{4}$, etc., etc. La barre qui termine est double.

Gamme à chanter en battant la mesure à quatre temps

Rondes valant chacune 4 temps.

(1)

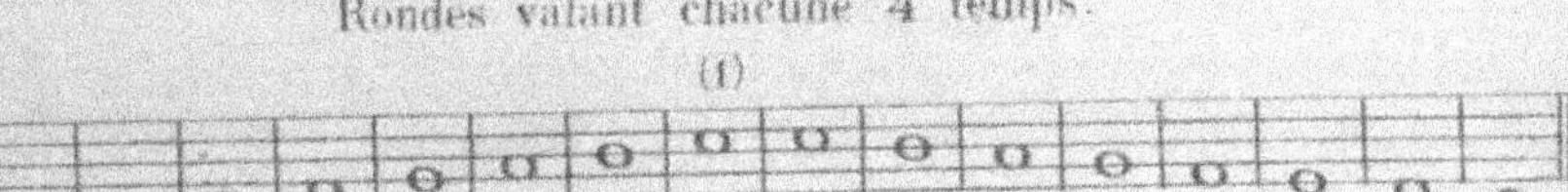

Blanches valant chacune 2 temps.

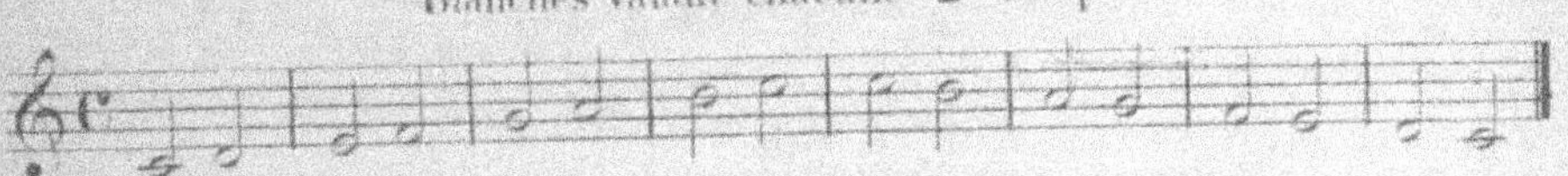

Noires valant chacune 1 temps.

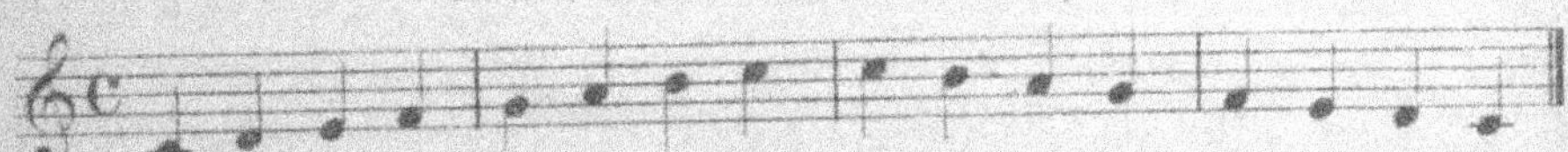

Croches valant chacune un demi temps.

Doubles-croches valant chacune un quart de temps.

Triples-croches valant chacune un huitième de temps

(1) Exiger que les élèves battent tous la mesure et ne crient pas.

Les exercices précédents et les suivants seront répétés le nombre de fois nécessaires.

Valeurs mélangées.

Valeurs mélangées.

Valeurs mélangées.

Gamme à chanter en battant la mesure à trois temps.
Noires valant chacune 1 temps.
Croches valant chacune un demi temps.
Doubles-croches valant chacune un quart de temps.
Triples-croches valant chacune un huitième de temps.
Valeurs mélangées.
Valeurs mélangées.

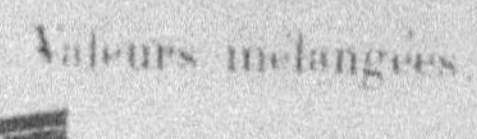

Gamme à chanter en battant la mesure à deux temps.

Blanches valant chacune 2 temps.

Noires valant chacune 1 temps.

Croches valant chacune un demi temps.

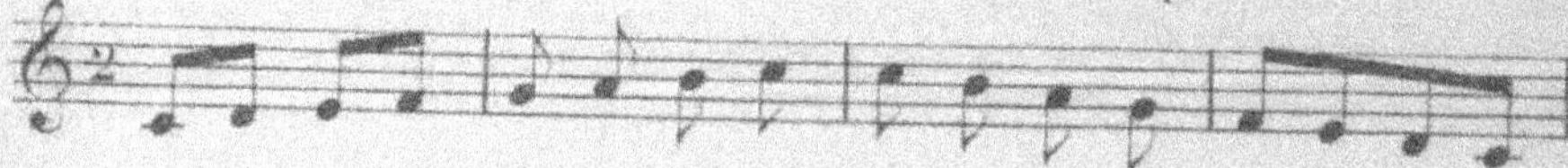

Doubles-croches valant chacune un quart de temps.

Triples-croches valant chacune un huitième de temps.

Valeurs mélangées.

Valeurs mélangées.

Valeurs mélangées.

3ᵐᵉ LEÇON.

SILENCES, INTERVALLES.

1ᵉ — Toutes les valeurs expliquées au commencement de la leçon précédente ont leur équivalent en signes appelés *silences*.

Un *silence* mis à la place d'une note, indique, que le temps de sa valeur doit être passé sans chanter.

EXERCICES-GAMME SUR TOUTES LES VALEURS ET TOUS LES SILENCES.

(1) Les silences seront comptés à haute voix.

2º.—On nomme *intervalle* la distance d'une note à une autre; l'intervalle prend le nom du numéro d'ordre de la note qui le forme; ainsi l'intervalle de  se nomme intervalle de *sixte* parce que le *la* est la 6ᵐᵉ note en montant la gamme à partir de *do*; l'intervalle de se nomme intervalle de *quinte* parce que le *do* est la 5ᵐᵉ note en montant la gamme à partir de *fa*; l'intervalle de se nomme intervalle de *seconde* parce que le *fa* est la 2ᵐᵉ note en montant la gamme à partir de *mi*.

On dit d'un intervalle qu'il est inférieur ou supérieur, selon qu'il se trouve au dessous ou au dessus d'une note servant de point de départ.

EXEMPLES.

Les intervalles peuvent de plus subir quatre modifications et par cela même quatre dénominations; un intervalle sera alors ou *majeur* (on dit aussi *juste*) ou *mineur*, ou *augmenté*, ou *diminué*.

« Il ne sera traité dans ce volume que les intervalles obtenus par la gamme de *do*, base des études de cette première année, ces intervalles sont: *seconde mineure, seconde majeure, tierce mineure, tierce majeure, quarte juste, quarte augmentée, quinte diminuée, quinte juste, sixte mineure, sixte majeure, septième mineure, septième majeure, et octave.*

Le plus petit intervalle de la gamme de *do* se nomme *demi ton diatonique* ou *seconde mineure* et se trouve de *mi* à *fa* (de la tierce à la quarte) et de *si* à *do*; (de la septième à l'octave) les autres notes forment entre elles des *tons* ou *secondes majeures*.

EXEMPLE.

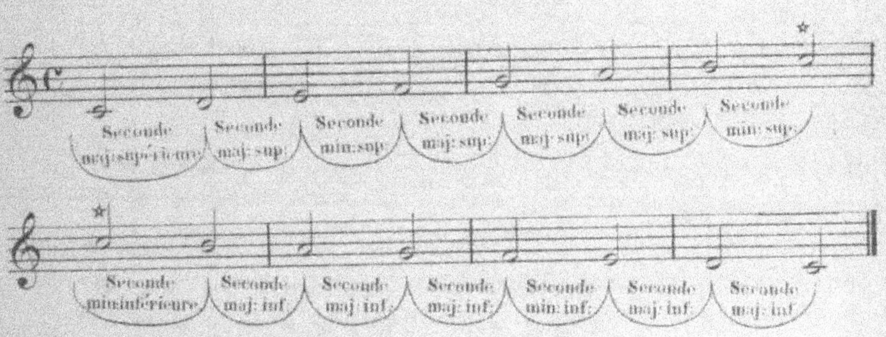

** Deux notes sur le même degré ont nom: *unisson.*

EXERCICE ET LEÇONS
sur les intervalles de seconde mineure et seconde majeure

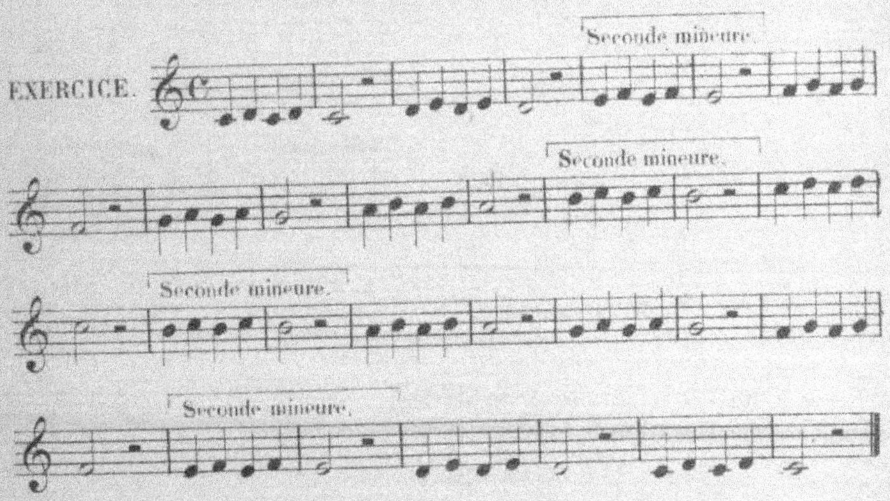

LEÇONS (1)

(1) Les lettres partageant les phrases musicales, permettent d'abréger l'étude des passages difficiles.

3ᵉ

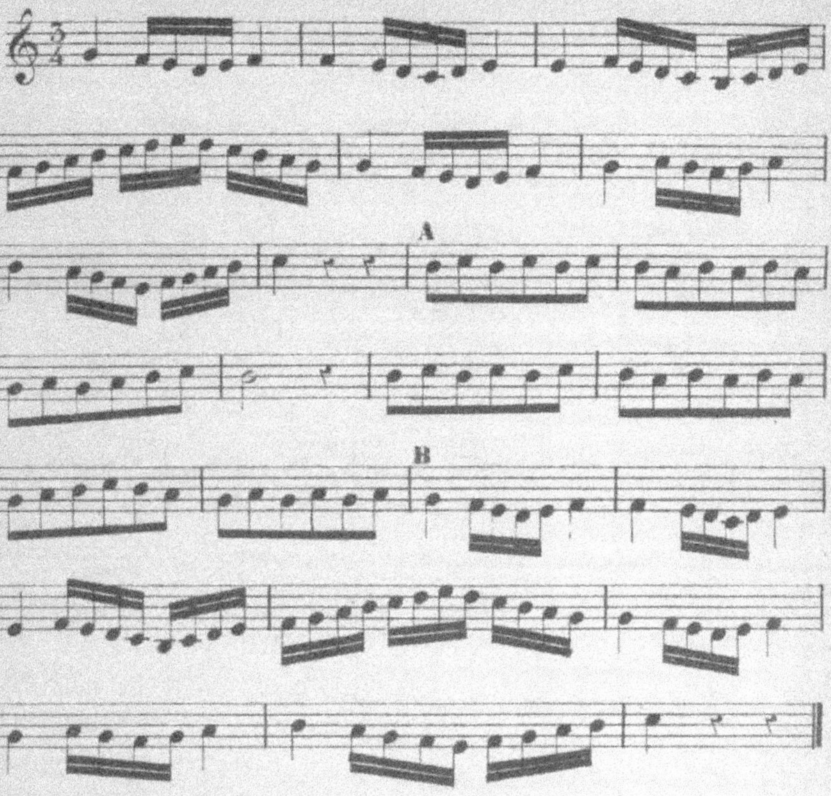

A

B

EXERCICE SUR LES INTERVALLES
de tierce mineure et tierce majeure.

LEÇONS SUR LES INTERVALLES

de tierce mineure, tierce majeure, seconde mineure
et seconde majeure.

(1) Le demi soupir ne se compte pas haut s'il ne fait pas partie de la 1re moitié d'un temps.

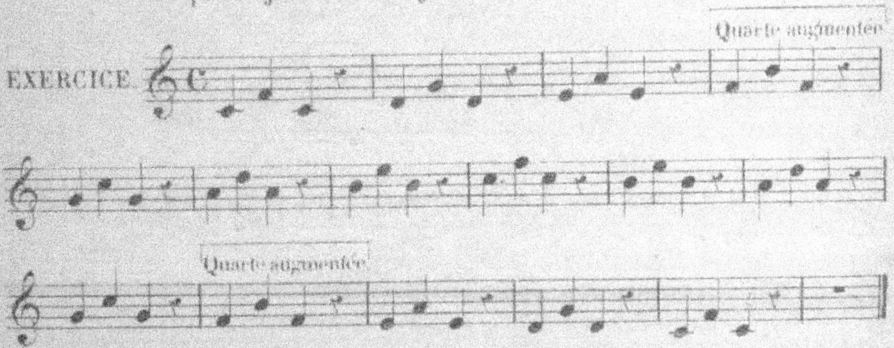
E
6e
A
B
C
D
EXERCICE SUR LES INTERVALLES
de quarte juste (ou majeure) et quarte augmentée.
Quarte augmentée
EXERCICE
Quarte augmentée

LEÇONS SUR LES INTERVALLES
de quarte juste (ou majeure) quarte augmentée, tierce mineure,
tierce majeure, seconde mineure et seconde majeure.

(1) Le quart de soupir ne se compte pas haut lorsqu'il n'est pas au commencement d'un temps.

EXERCICE SUR LES INTERVALLES
de quinte diminuée et quinte juste (ou majeure)

LEÇONS SUR LES INTERVALLES
de quinte diminuée, quinte juste, (ou majeure) quarte juste (ou majeure)
quarte augmentée, tierce mineure, tierce majeure,
seconde mineure et seconde majeure.

(1) La pause quoique valant quatre temps, se met aussi dans les mesures à 3 et à 2 temps et ne vaut dans ce cas que 3 ou 2 temps.

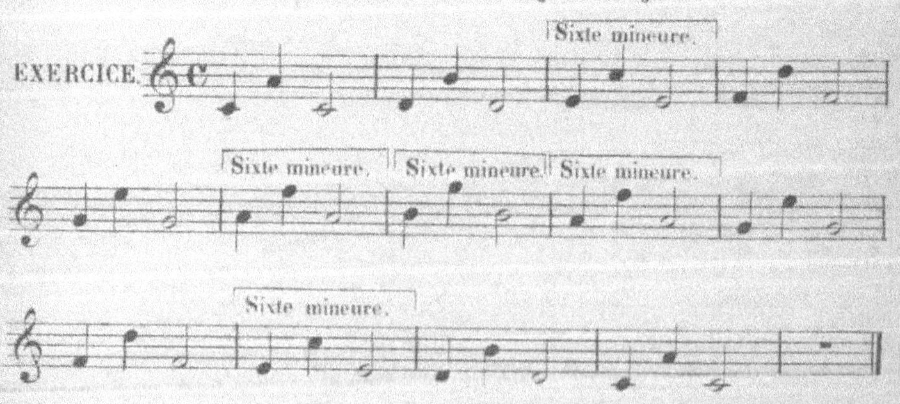

EXERCICE SUR LES INTERVALLES
de sixte mineure et sixte majeure (ou juste)

LEÇONS SUR LES INTERVALLES

de sixte mineure, sixte majeure, (ou juste) quinte diminuée,
quinte juste, (ou majeure) quarte juste, (ou majeure) quarte augmentée,
tierce mineure, tierce majeure, seconde mineure et seconde majeure

17
A
B
C
D
18

A
B
EXERCICE SUR LES INTERVALLES
de septième mineure et septième majeure.
Septième majeure
Septième majeure
EXERCICE.
Septième majeure
Septième majeure

LEÇONS SUR LES INTERVALLES

de septième mineure, septième majeure, sixte mineure,

sixte majeure, (ou juste) quinte diminuée, quinte juste, (ou majeure)

quarte juste (ou majeure) quarte augmentée, tierce mineure, tierce majeure,

seconde mineure et seconde majeure.

F
17e

18.

A

B

C

D E

F

EXERCICE SUR L'INTERVALLE D'OCTAVE.

EXERCICE

LEÇONS SUR LES INTERVALLES

d'octave, septième mineure, septième majeure, sixte mineure,
sixte majeure, (ou juste) quinte diminuée, quinte juste, (ou majeure)
quarte juste (ou majeure) quarte augmentée, tierce mineure, tierce majeure,
seconde mineure et seconde majeure.

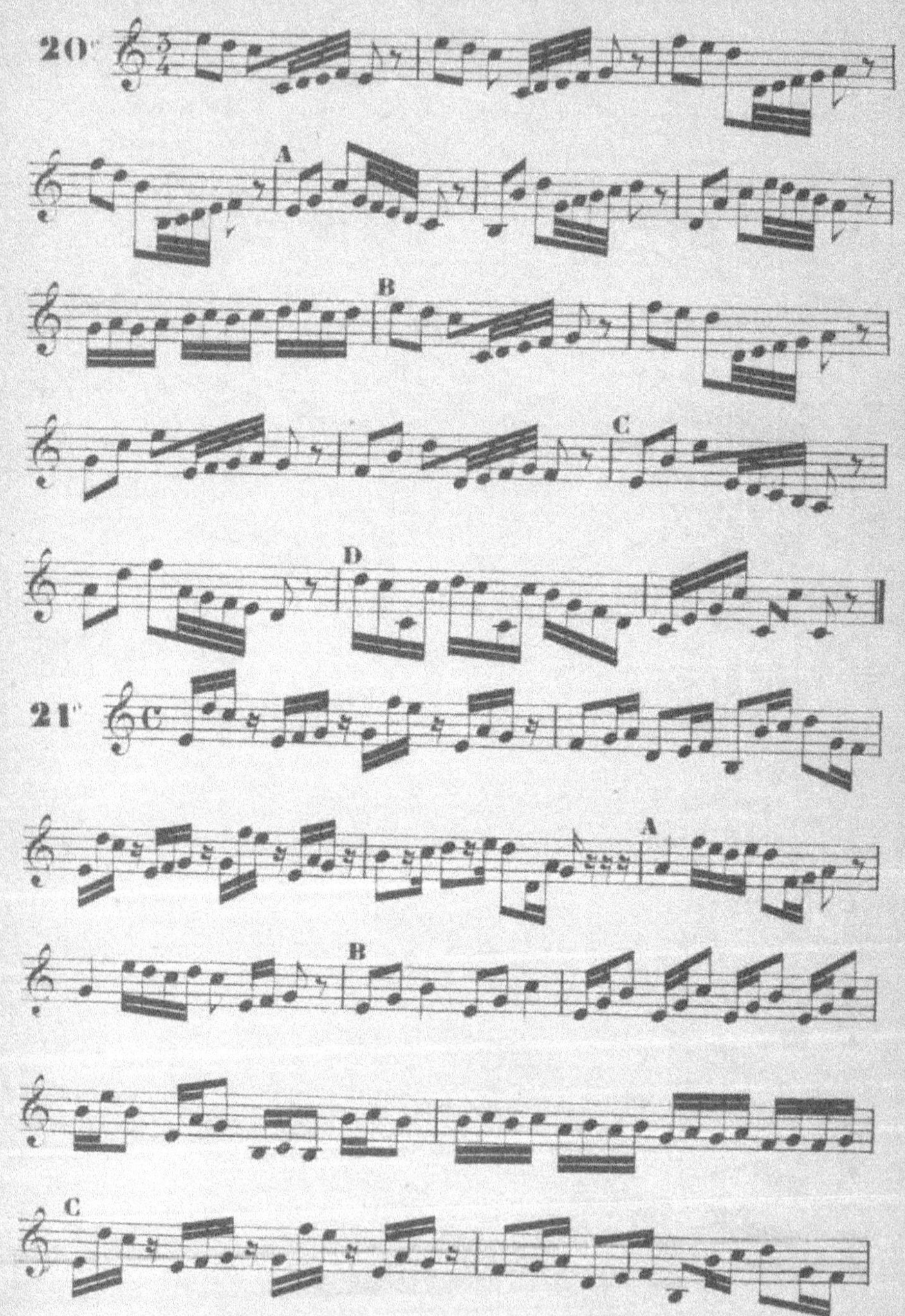
20°
A
B
C
D
21°
A
B
C

D
E
F
G
H
I

4ᵐᵉ LEÇON
POINT. DOUBLE POINT

1°.— Le *point* se place après la note, et augmente cette note de la moitié de sa valeur; c'est à dire, qu'il faut prolonger le son d'une note pointée *une moitié* de plus que sa valeur.

EXEMPLES.

La ronde pointée vaut six temps;
quatre temps pour la ronde,
deux temps pour le point.

La blanche pointée vaut trois temps;
deux temps pour la blanche,
un temps pour le point.

La noire pointée vaut un temps et demi;
un temps pour la noire,
un demi temps pour le point.

La croche pointée vaut trois quart de temps;
un demi temps (ou deux quarts de temps) pour la croche,
un quart de temps pour le point.

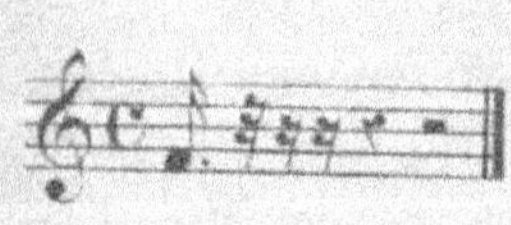

La double croche pointée vaut trois huitièmes de temps;
deux huitièmes de temps pour la double croche,
un huitième de temps pour le point.

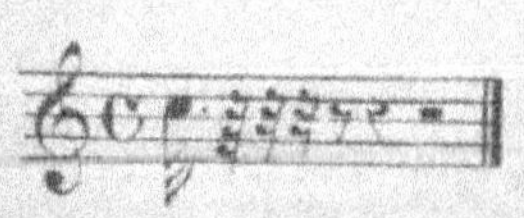

La triple croche pointée vaut trois seizièmes de temps;
deux seizièmes de temps pour la triple croche,
un seizième de temps pour le point.

LEÇONS POUR OBSERVER LE POINT APRÈS LES NOTES

36
24.
A
B

57
25
A
B
C
26
A
B

27
A
B
C
D
28

A
B
29.
A
B
C
39

30
A
B
C
31
A

B
32°
A
B
C

33°
A
B
C
34°
A
B

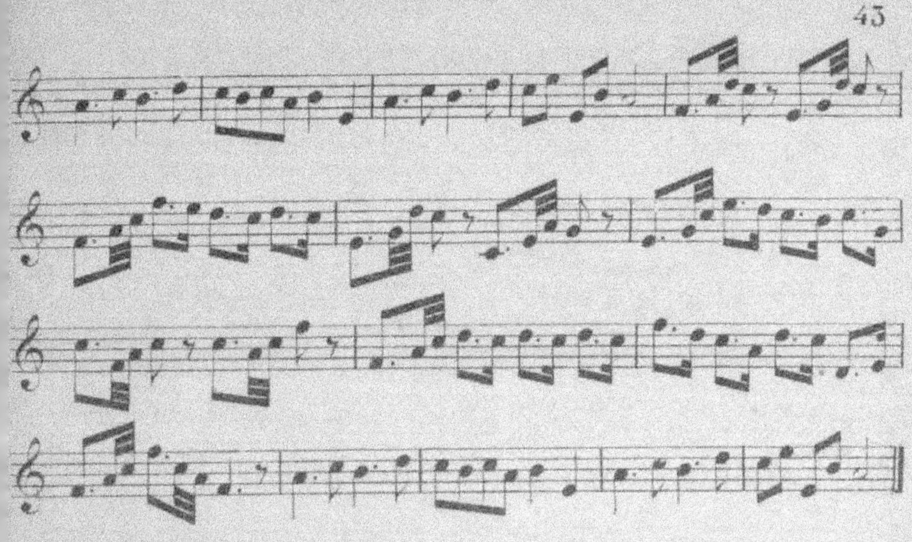

2 _ Le *double point* se place à la suite du premier et en vaut la moitié; c'est à dire, qu'il faut prolonger le son d'une note doublement pointée *une moitié* et *un quart* en plus de sa valeur.

EXEMPLES.

La ronde doublement pointée vaut sept temps;
quatre temps pour la ronde.
deux temps pour le 1.er point
un temps pour le 2.e point.

La blanche doublement pointée vaut trois temps et demi.
deux temps pour la blanche.
un temps pour le 1.er point
un demi temps pour le 2.e point.

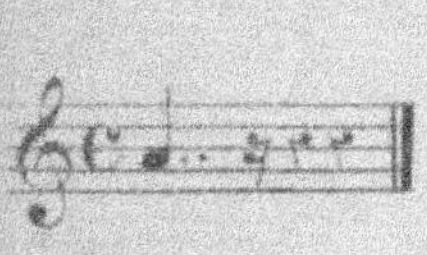

La noire doublement pointée vaut un temps trois quarts de temps.
un temps pour la noire.
un demi temps pour le 1.er point.
un quart de temps pour le 2.e point.

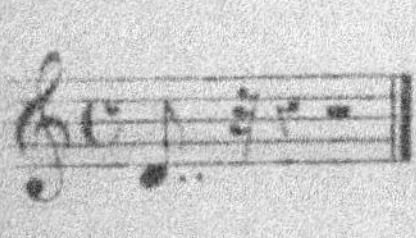

La croche doublement pointée vaut sept seizièmes de temps.
un demi temps pour la croche.
un quart de temps pour le 1.er point.
un seizième de temps pour le 2.e point.

LEÇONS POUR OBSERVER LE DOUBLE POINT APRÈS LES NOTES.

LEÇON POUR OBSERVER LE POINT ET LE DOUBLE POINT APRÈS LES NOTES

LEÇON POUR OBSERVER LE POINT ET LE DOUBLE POINT APRÈS LES NOTES

5. — Le point et le double point se placent aussi après les silences, le point augmente le silence après lequel il est placé de la moitié de sa valeur; le double point vaut la moitié du premier point.

A
B
C
40°
A
B
C

11e
A
B
12e
A
B
Fin de la 1re Année

HENRY LEMOINE & CIE

Éditeurs. — 17, Rue Pigalle, PARIS — BRUXELLES, Rue de la Régence, 25,

COLLECTION DE CHŒURS

POUR SERVIR A L'ÉTUDE DU CHANT D'ENSEMBLE

DANS LES CONSERVATOIRES ET ÉCOLES DE MUSIQUE

Par F. A. GEVAERT

Directeur du Conservatoire royal de Bruxelles

1er FASCICULE. Quatre chants latins et trois hymnes françaises de RACINE, harmonisés à 3 voix de femme.

2e FASCICULE. Dix Chants populaires et religieux, harmonisés à 4 voix mixtes.

3e FASCICULE. Chants religieux et populaires, harmonisés à 4 voix mixtes

4e FASCICULE. Chants religieux et populaires, harmonisés à 4 voix mixtes.

5e FASCICULE. Huit Cantiques spirituels de J.-S. BACH (texte français), disposés à 4 voix mixtes et quatre chorals de J.-S. BACH (texte latin).

6e FASCICULE. Onze Chansons françaises et wallonnes du XVIIe et du XVIIIe siècle, mises à 4 voix mixtes

---

NOUVELLE ÉDITION

DE LA

MÉTHODE DE PIANO

DE

HENRY LEMOINE

REVUE ET MODIFIÉE

par THÉODORE LACK

La Méthode complète, *prix net*. . . . . 6 fr.

La première partie, séparée, *net* : 3 fr. — La deuxième partie, séparée, *net* : 3 50

LAVIGNAC A | Cours complet de Dictée musicale. Six parties progressives :

1. 400 leçons, intonation, facile 3 50

2. 345 leçons, rythme, facile. 3 50

3. 252 leçons, dictées mélodiques faciles et moyenne force, assez difficile 3 50

4. 203 leçons, difficultés de rythme et d'intonation, difficile 3 50

5. 180 leçons, dictées assez difficiles et difficiles, mode majeur et mineur, difficile 3 50

6. 180 leçons dictées difficiles et très difficiles, mode majeur et mineur, très difficile. 3 50

L'ouvrage complet en un volume. . . . . 20 »

Cahier de papier réglé à musique pour la dictée . . . . » 15